Gott segne diese Gaben

TISCHGEBETE

UDO HAHN (HRSG.)

Gott segne diese Gaben

TISCHGEBETE

EVANGELISCHE VERLAGSANSTALT
Leipzig

Bibliographische Information der Deutschen Nationalbibliothek
Die Deutsche Nationalbibliothek verzeichnet diese Publikation in der Deutschen Nationalbibliographie; detaillierte bibliographische Daten sind im Internet über http://dnb.dnb.de abrufbar.

Printed in Germany · H 7843

Das Buch wurde auf alterungsbeständigem Papier gedruckt.

Gesamtgestaltung: Ulrike Vetter, Leipzig
Covermotiv: oben – Schwoab / Fotolia.de; unten – Es75 / Fotolia.de
Druck und Binden: BELTZ Bad Langensalza GmbH

ISBN 978-3-374-04075-9
www.eva-leipzig.de

Zum Geleit

Gott segne diese Gaben

Vor dem Essen beten? Ja, bitte! Ein kurzer Moment des Innehaltens, ein Augenblick der Stille, der Dankbarkeit für Essen und Trinken – um sich vor Augen zu führen: Die Grundlagen unseres Lebens können wir selbst nicht garantieren. Eigentlich ist das jedem und jeder bewusst. In der Hektik des Alltags neigen wir zur Vergesslichkeit. Beten ist deshalb eine wohltuende Unterbrechung diese Routine – nicht nur, wenn es ums Essen geht.

In den Religionen spielt gerade das Beten vor dem Essen – und der Dank danach – eine besondere Rolle. Wortreich ausgeschmückt oder in kurzen und einprägsamen Reimen, mal ernst, mal witzig, so verweisen die Gebete über uns Menschen hinaus auf Gott. Die vertikale Dimension wird zumeist mit der horizontalen verknüpft: mit dem nahen und dem fernen Nächsten. Hunger und Lebensdurst verbinden alle Menschen.

Beten – das ist eine Glaubensübung. Und gerade zum Essen auch ein bewusstes Ritual. Ob allein oder in Gemeinschaft, laut oder leise beten, jeder für sich, einer für alle – die Formen sind unterschiedlich, es gibt kein »richtig« oder »falsch«.

Das Alltägliche ist nicht selbstverständlich. Deshalb können die hier gesammelten Gebete dem Essen und dem Leben die rechte Würze geben.

Udo Hahn

Vater, segne diese Speise,
uns zur Kraft und dir zum Preise.

Zwei Dinge, Herr, sind not,
die gib nach deiner Huld:
Gib uns das täglich Brot,
vergib uns unsre Schuld.

Danket dem Herrn, denn er ist freundlich,
und seine Güte währet ewiglich

Alle guten Gaben,
alles, was wir haben,
kommt, o Gott, von dir,
Dank sei dir dafür.

Herr, wir gehen zu dem Essen
lass uns deiner nicht vergessen,
denn du bist das Himmelsbrot.
Stärk die Leiber, stärk die Seelen,
die wir dir jetzt anbefehlen,
hilf uns, Herr, in aller Not,
dass wir einst nach dieser Erden
deine Gäst' im Himmel werden.

Der Tag ist seiner Höhe nah.
Nun blick zum Höchsten auf,
der schützend auf dich niedersah
in jedes Tages Lauf.
Wie laut dich auch der Tag umgibt,
jetzt halte lauschend still,
weil er, der dich beschenkt und liebt,
die Gabe segnen will.
Der Mittag kommt. So tritt zum Mahl;
denk an den Tisch des Herrn.
Er weiß die Beter überall
und kommt zu Gaste gern.
Er segnet dich in Dorf und Stadt,
in Keller, Kammer, Feld.
Was dir der Herr gesegnet hat,
bleibt fortan wohl bestellt.
Er segnet dir auch Korb und Krug
und Truhe, Trog und Schrein.
Ihm kann es keinen Tag genug
an Segensfülle sein.
Er segnet deiner Bäume Frucht,
dein Kind, dein Land, dein Vieh.
Er segnet, was den Segen sucht.
Die Gnade schlummert nie.
Er segnet, wenn du kommst und gehst;
er segnet, was du planst.
Er weiß auch, dass du's nicht verstehst
und oft nicht einmal ahnst.
Und dennoch bleibt er ohn Verdruss
zum Segnen stets bereit,
gibt auch des Regens milden Fluss,
wenn Regen an der Zeit.

Sein guter Schatz ist aufgetan,
des Himmels ewges Reich.
    Zu segnen hebt er täglich an
    und bleibt sich immer gleich.
Wer sich nach seinem Namen nennt,
hat er zuvor erkannt.
    Er segnet, welche Schuld auch trennt,
    die Werke deiner Hand.
Die Hände, die zum Beten ruhn,
die macht er stark zur Tat.
    Und was der Beter Hände tun,
    geschieht nach seinem Rat.
Der Tag ist seiner Höhe nah.
Nun stärke Seel und Leib,
    dass, was an Segen er ersah,
    dir hier und dort verbleib.

Jochen Klepper

Herr, segne uns und diese Gaben,
die wir von deiner Güte nun empfangen,
durch Christus, unsern Herrn. Amen.

O Gott, von dem wir alles haben,
wir danken dir für diese Gaben.
Du speisest uns, weil du uns liebst.
O segne auch, was du uns gibst.

Wir danken Gott für seine Gaben,
die wir von ihm empfangen haben,
und bitten unsern lieben Herrn,
er woll uns ferner auch bescheren
und speisen uns mit seinem Wort,
dass wir satt werden hier und dort.
Ach, lieber Herr, du wollst uns geben
nach dieser Zeit das ewig Leben.

Erasmus Alber

Vater, wir leben von deinen Gaben.
Segne das Haus, segne das Brot.
Gib uns die Kraft, von dem, was wir haben,
denen zu geben in Hunger und Not.

Nun segne, Vater, unser Essen,
Lass uns Lüge wie Neid vergessen.
In der Freude wie in manchem Schmerz,
schenke uns allen ein fröhlich Herz.
Leite Du unser Herz und Hände,
führe alles zum guten Ende.

O Gott, segne uns Speise und Trank,
von Herzen kommt unser treuer Dank.

Von deiner Gnad, Herr, leben wir,
und was wir haben, kommt von dir.
Drum sagen wir dir Dank und Preis,
tritt segnend ein in unsern Kreis.

Wir haben hier den Tisch gedeckt,
doch nicht mit unsren Gaben.
Vom Schöpfer, der das Leben weckt,
kommt alles, was wir haben.

Dir sei, o Gott, für Speis und Trank,
für alles Gute Lob und Dank.
Du gabst, du willst auch künftig geben.
Dich preise unser ganzes Leben.

Lass uns, Herr, beim Trinken, Essen
deiner Güte nicht vergessen.
Teil uns deine Gaben aus,
füll mit Frieden Herz und Haus.

Segne, Vater unser Essen,
segne, Vater unser Brot.
Lass uns jene nicht vergessen,
die da hungernd sind, in Not.

Wir nehmen, Herr, was du gegeben.
Was haben wir, dass du nicht gibst?
Du trägst und nährest unser Leben.
Wir danken dir, dass du uns liebst.

Dem Herrn sei Dank
für Speise und Trank.

Jedes Tierlein hat sein Essen,
jedes Blümlein trinkt von dir.
Hast auch du uns nicht vergessen,
guter Gott, wir danken dir.

Lieber Gott,
der Tisch ist gedeckt,
danke für alles,
was uns jetzt schmeckt.

Wo ich gehe, wo ich stehe,
ist der liebe Gott bei mir.
Wenn ich ihn auch niemals sehe,
weiß ich dennoch, Gott ist hier.

Die Vögel unterm Himmelszelt
und alle Tiere auf der Welt,
die wissen nicht, woher es kommt,
und finden doch ihr Futter.
Wir wissen aber ganz bestimmt,
woher die Gaben gekommen sind.
Wir sagen Gott von Herzen Dank
für unser täglich Brot ein Leben lang.

Gott will uns speisen, Gott will uns tränken,
nun lasst uns still die Augen senken,
und aller seiner Gäste g'denken:
den Hasen im Klee, den Fisch im See,
die Bienen im Honigduft,
die Schwalbe in Himmelsluft,
das Nest im Dorn, die Maus im Korn,
die Frösche im Teich, ob arm und reich,
Wiese und Wald, jung und alt,
Menschen und Tiere, groß und klein,
alle lädt er zu seinem Tische ein.
Allen gibt er Speis und Trank,
für alle sag ich »Gott sei Dank«.

Für den Honig und das Brot,
für die Freunde in der Not,
für das leckere Kompott,
danken wir dir, lieber Gott.

Wieder ist es Essenszeit,
und die Speisen stehn bereit.
Was wir haben, kommt von dir,
Gott, wir danken dir dafür.

Sonne spendest du und Regen,
gibst uns Heimat, Brot und Dach,
und auf allen unsern Wegen
gehn uns deine Augen nach.
Alles kommt aus deinen Händen;
alles lebt, weil du es willst;
alle unsre Not muss enden,
alles Leid, wenn du es stillst.

Aller Augen warten auf dich, Herr,
und du gibst ihnen ihre Speise zur rechten Zeit,
du tust deine Hand auf
und sättigst alles, was lebt, nach deinem Wohlgefallen.

Das Brot vom Korn.
Das Korn vom Licht.
Das Licht aus Gottes Angesicht.
Die Frucht der Erde
Aus Gottes Schein
Lass Licht auch werden
Im Herzen mein.

Segne, Vater, unser Essen.
Lass uns Neid und Hass vergessen,
schenke uns ein fröhlich Herz.
Leite du so Herz wie Hände,
führe du zum guten Ende
unsre Freude, unsren Schmerz.

Alles, Herr, bist du:
Stern, auf den ich schaue;
Fels, auf dem ich steh;
Hirte, dem ich traue;
Stab, an dem ich geh;
Brot, von dem ich lebe;
Quell, an dem ich ruh;
Ziel, das ich erstrebe.
Alles, Herr bist du.

Cornelius Friedrich Adolf Krummacher

Komm, Herr Jesus, sei du unser Gast,
und segne, was du uns bescheret hast.

Nikolaus Ludwig Graf von Zinzendorf

Schenke mir eine gute Verdauung, Herr,
und auch etwas zum Verdauen.
Schenke mir Gesundheit des Leibes,
mit dem nötigen Sinn dafür,
ihn möglichst gut zu erhalten.
Schenke mir eine heilige Seele,
die im Auge behält, was gut ist und rein,
damit sie im Anblick der Sünde nicht erschrecke,
sondern das Mittel finde,
die Dinge wieder in Ordnung zu bringen.
Schenke mir eine Seele, der die Langeweile fremd ist,
die kein Murren kennt und kein Seufzen und Klagen,
und lass nicht zu, dass ich mir allzu viel Sorgen mache
um dieses sich breit machende Etwas,
das sich »ich« nennt.
Herr, schenke mir Sinn für Humor,
gib mir die Gnade, einen Scherz zu verstehen,
damit ich ein wenig Glück kenne im Leben
und anderen davon mitteile.

Thomas Morus

Lieber Gott, wir danken dir
für den reich gedeckten Tisch,
der vor uns steht.
Du versorgst uns mit allem,
was wir brauchen.
Lass uns die Menschen nicht vergessen,
denen es nicht so gut geht.
Und lehre uns teilen.

Danket dem Herrn,
denn er ist freundlich
und seine Güte währet ewiglich.

Psalm 107,1

Essen gibst du und Getränke,
Leben und Zukunft sind deine Geschenke.
Wir danken dir, Gott, für diese Fülle,
in deine Liebe uns alle hülle.

Alle gute Gabe kommt her
von Gott, dem Herrn,
drum dankt ihm, dankt, drum dankt ihm,
dankt und hofft auf ihn.

Nach Matthias Claudius

O Herr, tu auf dein milde Hand,
mach uns dein Gnad und Güt bekannt,
ernähre uns, die Kinder dein,
der du speist alle Vögelein.

Erhörst du doch der Raben Stimm,
drum unsre Bitt, Herr, auch vernimm;
denn aller Ding du Schöpfer bist
und allem Vieh sein Futter gibst.

Doch dies zeitliche Brot allein
kann uns nicht gnug zum Leben sein;
dein göttlich Wort die Seele speist,
hilft uns zum Leben allermeist.

Drum gib uns beides, Herre Gott;
hilf endlich auch aus aller Not.
So preisen wir dein' Gütigkeit
hier und auch dort in Ewigkeit.

1–3: Nikolaus Hermann;
4: Frankfurt 1561; 5: Bayreuth 1660

Bescher uns, Herr, das täglich Brot;
vor Teurung und vor Hungersnot
behüt uns durch dein' lieben Sohn,
Gott Vater in dem höchsten Thron.

Ehrt, lobt und dankt mit ganzem Fleiß
für diesen Trank, für diese Speis,
die uns nach seiner großen Gnad
der Vater mitgeteilet hat.

Wir danken dir, du treuer Gott,
der du uns speist in Hungers Not,
durch unsern Herren Jesum Christ,
der unser aller Heiland ist.

Weimar 1609

Segne uns, Herr, die Gaben dein,
die Speis lass unsre Nahrung sein;
hilf, dass dadurch erquicket werd
der dürftig Leib auf dieser Erd.

Doch dies zeitliche Brot allein
kann uns nicht gnug zum Leben sein;
dein göttlich Wort die Seele speist,
hilft uns zum Leben allermeist.

Drum gib uns beides, Herre Gott;
hilf endlich auch aus aller Not.
So preisen wir dein Gütigkeit
hier und auch dort in Ewigkeit.

1 und 2: Frankfurt (Oder) 1561; 3: Bayreuth 1660

Lobet den Herrn und dankt ihm seine Gaben,
die wir aus Gnad von ihm empfangen haben
jetzt an dem Tisch und sonst an allen Enden,
wo wir uns wenden.

Bartholomäus Ringwaldt

Speis uns, Vater, deine Kinder,
tröste die betrübten Sünder;
sprich den Segen zu den Gaben,
die wir jetzo vor uns haben,
dass sie uns zu diesem Leben
Stärke, Kraft und Nahrung geben,
bis wir endlich mit den Frommen
zu der Himmelsmahlzeit kommen.

Johann Heermann

Wir danken dir, Herr Jesu Christ,
dass du unser Gast gewesen bist.
Bleib du bei uns, so hat's nicht Not,
du bist das rechte Lebensbrot.

Albert Knapp

Wir wollen danken für unser Brot.
Wir wollen helfen in aller Not.
Wir wollen schaffen, die Kraft gibst du.
Wir wollen lieben, Herr, hilf dazu. Amen.

Der du der Erde Brot gegessen,
mit Sündern hast zu Tisch gesessen,
Herr Jesu, komm und mach uns satt,
dass Leib und Seel Genüge hat.

Segne, Herr, die Speisen,
gib ein zufrieden Herz
und lass uns stets dich preisen,
in Freude wie in Schmerz.

Schmecket und sehet,
wie freundlich der Herr ist.
Wohl dem, der auf ihn trauet.

Psalm 34,9

Ob wir trinken, ob wir essen,
lass uns dich, Herr, nicht vergessen,
dich, der Leib und Seele speist,
Vater, Sohn und Heilgen Geist.

Herr, segne uns, lass uns dir dankbar sein,
lass uns dich loben, solange wir leben.
Und mit den Gaben, die uns gegeben,
wollen wir tätig sein.

Herr, geh mit uns und lass uns nicht allein,
lass uns dein Wort und dein Beispiel bewahren,
in der Gemeinde deine Kraft erfahren,
lass uns wie Brüder sein.

Herr, segne uns, lass uns dein Segen sein,
lass uns versuchen, zu helfen, zu heilen,
und unser Leben wie das Brot zu teilen,
lass uns ein Segen sein.

Lothar Zenetti

Wir gehen, Herr, zum Essen
und wollen nicht vergessen,
dass wir die guten Gaben
aus deinen Händen haben.

Segne, Herr, was deine Hand
uns aus Gnaden zugewandt.

Lieber Gott, lass deinen Segen
über diesen Teller fegen.

Du gibst uns, Herr, durch Speis und Trank
Gesundheit, Kraft und Leben.
So nehmen wir mit Lob und Dank
das, was du jetzt gegeben.

Für Trocken und Nass:
Deo gratias!

Für Dich und für mich –
ist der Tisch gedeckt,
hab Dank, lieber Gott,
dass es uns jetzt schmeckt.

Wieder ist es Mittagszeit,
und das Essen steht bereit.
Was wir haben, kommt von dir,
guter Gott, wir danken dir.

Lieber Gott, der Tisch ist gedeckt,
danke für alles, was uns jetzt schmeckt.

Danke, Gott, für alle deine Gaben,
danke, dass wir genug zum Essen haben.

Was wir brauchen, gibt uns Gott:
Fröhlichkeit und täglich Brot.

Vater im Himmel, segne Speise und Trank,
die Frucht der menschlichen Arbeit,
und lass uns geborgen bleiben in deiner Liebe,
durch Christus, unsern Herrn. Amen.

Gepriesen seist du, unser Gott,
Schöpfer der Welt.
Du schenkst uns die Frucht
des Weinstocks,
das Zeichen des Fests.
Lass diesen Trank für uns
zum Quell des Segens werden.

Jüdisches Gebet am Sabbatabend

Lass mich nun auch diesen Tag finden,
womit ich mich sättige.
Gott meines Elends, gib mir Essen,
gib mir Milch, gib mir Fleisch,
mein Vater.

Gebet der Massai, Ostafrika, 19. Jahrhundert

Du spendest, was uns Not zum Leben,
du willst uns frohe Herzen geben,
bist unser Helfer für und für.
Du güt'ger Gott, wir danken dir.

Durch deine Gnade haben wir
auch heute unser Brot.
Wir nehmen's hin und danken dir,
du lieber, treuer Gott.

Erhalt uns, Herr, den Frieden,
gib uns das täglich Brot,
und lass uns zu dir finden
im Glück und in der Not.

Lass uns in dem, was du uns gibst,
erkennen, Herr, dass du uns liebst.
Hilf, dass wir redlich halten Haus,
mit wenigem auch kommen aus
und deinen Segen spüren.

Ihr und euer Haus sollt dort
vor dem Herrn, eurem Gott,
essen und fröhlich sein über alles,
was eure Hand erworben hat,
womit euch der Herr, euer Gott,
gesegnet hat.

5. Mose 12,7

Du, Gott, bist für mich da.
Ich habe alles, was ich zum Leben brauche.
Für mich ist Platz, für Essen und Trinken ist gesorgt.
Meine Sorgen sind bei dir gut aufgehoben.
Meinen Füßen gibst du immer sicheren Halt.
Es gibt immer einen Ausweg.
Ich bleibe nicht ohne Trost.
Ich bekomme neuen Mut.
Ich kann mit dir immer rechnen.
Du hältst dein Wort.
Du bist für mich da.

Udo Hahn

Ich danke dem Schöpfer in der Höh',
Der durch sein großes »Werde«
Die Auster geschaffen in der See
Und den Weinstock auf der Erde;
Der auch Zitronen wachsen ließ,
Die Auster zu betauen.
Nun lass mich, Vater, in der Nacht
Das Essen gut verdauen.

Heinrich Heine

Spar deinen Wein nicht auf für morgen.
Sind Freunde da, so schenke ein.
Leg, was du hast, in ihre Mitte –
durch Schenken wird man reich allein.

Gerhard Schöne

Glücklich, wer genießen kann.
Er kostet jeden Augenblick aus.
Glücklich, wer dankbar ist.
Er unterscheidet das Wesentliche vom Unwichtigen.
Er weiß, dass er die Grundlagen seines Lebens
nicht garantieren kann.

Brot ist der Erde Frucht,
doch ists vom Lichte gesegnet,
und vom donnernden Gott
kommet die Freude des Weins.

Friedrich Hölderlin

Wie aus vielen Körnern das Mehl gemahlen
und ein Brot daraus gebacken wird,
und wie aus vielen Beeren zusammen gekeltert
Wein und Trank fließt,
so lass uns in diesem Mahl
ein Leib und Brot und Trank werden,
dass wir uns schenken und hingeben.

Altes Kirchengebet

Gott segne alle, die hier wohnen
und die hier ein- und ausgehen
und die zu Tisch sitzen.
Dass sie für kurze Zeit oder länger
eine Heimat haben.
Dass sie für kurze Zeit oder länger
der Unruhe des Alltags entfliehen können.
Dass sie für kurze Zeit oder länger
Frieden finden.
Dass sie für kurze Zeit oder länger
satt werden.
Gott, segne dieses Haus.

Udo Hahn

Freue dich über jeden neuen Tag.
Über Sonne und Wolken,
Regen und Regenbogen.
Genieße dein Leben.
Freue dich an Essen und Trinken,
Freundschaft und Freundlichkeit.
Koste jeden Augenblick aus.
Das ist das Glück – deines Lebens.

Udo Hahn

Gott, Vater und Mutter des Lebens,
täglich nehmen wir vieles
als selbstverständlich hin:
Essen und Trinken, Gesundheit,
Arbeitskraft, Erfolge und Freude.
Wir denken erst nach, wenn uns etwas fehlt.
Öffne uns die Augen, dass wir sehen,
auf wie viele tausend Weisen
du für uns da bist.

Herr, wir danken dir für die Speise,
die du uns gibst.
Wir bitten dich, steh allen bei,
die Hunger leiden, und hilf uns,
dass wir ihnen die Hand reichen
und ihnen zur Seite stehen.

Tischgebet aus Eritrea

Schenke uns dankbare Herzen,
Vater, für alle deine Gaben
Und mache uns aufmerksam
für die Not unserer Mitmenschen.

Tischgebet aus Uganda

Alles, was Gott geschaffen hat, ist gut,
keine Speise muss gemieden werden,
wenn das Dankgebet über sie gesprochen ist
und Gottes Wort und das Gebet sie geheiligt haben.

Tischgebet aus Uganda

Lob sei dir, Herr, durch unser gemeinsames Mahl.
Segne die Speise, die wir heute zu uns nehmen.
Segne die Hände, die sie bereitet haben.
Segne uns, Herr.

Tischgebet aus Uganda

Herr, an Avocadobäumen wachsen keine Mangos
und an Bananenpflanzen wächst kein Mais.
Wir bringen das hervor, was wir sind.
Hilf uns, das zu sein, was du brauchst.

Tischgebet aus Haiti

Wir danken dir, Jesus,
denn du schenkst uns die Speise.
Wir bitten dich, schenke uns Anteil
am himmlischen Festmahl.

Tischgebet aus Äthiopien

Alles Lob gebührt Gott,
der mich genährt
und mir diese Speise gegeben hat,
die ich nicht meiner Kraft
und Stärke verdanke.

Tischgebet aus Bangladesh

Jesus, Herr des Lebens,
wir danken dir, dass du uns durch die Speise,
die du schenkst, am Leben erhältst.
Wir bitten dich, segne die Mahlzeit,
die nun auf unserem Tisch steht.

Tischgebet aus Äthiopien

Wir loben dich, Herr.
Gib, dass wir für die Gaben,
die wir empfangen,
wahrhaft dankbar sind.

Tischgebet aus Uganda

Gott, danke für diese Speisen und deine Gaben.
Segne die Speisen, damit sie uns,
unseren Leib und unsere Seele schützen.

Tischgebet aus Bosnien-Herzegowina

Herr Jesus, wir danken dir für diese Speise,
die uns schenkst, und wir bitten dich
um deinen Segen für sie.

Tischgebet aus Äthiopien

Vater unser, wir loben dich.
Du sorgst jeden Tag für uns.
Segne unsere Mahlzeit
und lass uns in Ewigkeit
mit Jesus zusammen Mahl halten.

Tischgebet aus Tansania

Herr Jesus, wir danken dir für die Speise,
die für uns bereitet wurde,
und wir bitten dich, segne sie für uns.

Tischgebet aus Äthiopien

Komm, Vater, sei unser Gast.
Segne die Speise, die wir nun essen,
dass sie uns stärke, dir recht zu dienen.

Tischgebet aus Tansania

Danke, Herr, für die Speisen,
die wir vor uns haben.
Mögen sie unserem Leib
und mögest du unserer Seele Nahrung sein.
Mach uns aufmerksam für das,
was andere Menschen brauchen
und was unsere Erde braucht.

Tischgebet aus Uganda

Darf unser Herrgott
gute, große Hechte,
auch guten Rheinwein schaffen,
so darf ich sie wohl auch
essen und trinken.

Martin Luther

Tu deinem Leib etwas Gutes,
damit er Lust hat, darin zu wohnen.

Theresa von Avila

Unser Essen ist mehr als den Hunger stillen
und den Körper mit Nahrung versorgen.
Gott, du verwandelst unsere Speise
zu Kraft und Leben und Liebe.

Herr, sei gelobt für das,
was unsre Erde uns Gutes schenkt,
dass es uns Speise werde.
Lass uns im Teilen Leben neu erfahren
und es bewahren.

Wir danken dir, Herr,
für die guten Gaben,
die liebe Menschen
uns bereitet haben.
Bleibe bei uns
auf allen unseren Wegen
mit deinem Segen.

Seid untereinander gastfreundlich,
ohne zu murren. Dient einander
als gute Verwalter der vielfältigen Gnade Gottes,
jeder mit der Gabe, die er empfangen hat.

1. Petrus 4,9f.

Gast im Haus,
Gott im Haus!

Polnisches Sprichwort

Willkommen, Fremdling, lieber Gast,
du Bild des verborgenen Gottes,
tritt ein und verweile.
Gott beschenkt mich in dir,
weiht mir zum Tempel das Haus.

Großer Gott,
gib uns ein hörendes Herz,
damit wir von deiner Schöpfung
nicht mehr nehmen, als wir geben,
damit wir nicht willkürlich zerstören,
nur um unserer Habgier willen.
Damit wir uns nicht weigern,
ihre Schönheit mit den Händen zu erneuern,
damit wir nichts von der Erde nehmen,
was wir nicht wirklich brauchen.

Indianisches Gebet

Gottes Brot ist das,
das vom Himmel kommt
und gibt der Welt das Leben.

Johannes 6,33

Herr, sei gelobt durch Mutter Erde,
die uns ernährt,
erhält und Früchte trägt.
Was sie uns schenkt,
ist deiner Liebe Bild.

Franz von Assisi

Gott, jedes Essen nährt und stärkt uns.
Und doch sind wir bedürftig.
Wir brauchen deine Nähe.
Wir brauchen deinen Trost.
Wir brauchen deine Liebe.
Segne uns und unser Essen.

Nimm dir Zeit zum Essen,
denn Essen ist mehr als Nahrungsaufnahme.
Nimm dir Zeit zum Schauen,
damit auch deine Augen satt werden.
Nimm dir Zeit für zwischendurch,
denn dein Mund ist nicht nur zum Essen geschaffen.
Nimm dir Zeit für einen Blick auf den anderen Teller,
das belebt die Beziehungen am Tisch.
Nimm dir Zeit für ein Danke,
denn dies ist der beste Lohn für die Küche.
Nimm dir Zeit zum Verdauen,
denn deine Seele lebt von einem guten Essen.

Josef Griesbeck

Gepriesen seist du, o Gott,
der du dich erbarmst
und uns ernährst von unserer Jugend an,
der du Speise gibst allem Fleisch.
Erfülle unser Herz mit Freude und Heiterkeit,
damit wir immerdar völlig Genüge habend
überfließen zu jedem guten Werk
in Christus Jesus, unserem Herrn,
durch den dir Ruhm, Ehre und Herrlichkeit ist
im Heiligen Geist in die Ewigkeit der Ewigkeiten.

Athanasius

Jeder Tisch und jedes Mahl
kündet deine Gegenwart.
Jedes Brot und jeder Wein
zeugt von deiner Liebe.
Herr Jesus Christus,
so lass uns jetzt mit dir verbunden sein
alle Tage unseres Lebens.

Herr, unser Gott,
du lässt Nahrung wachsen für das Lebendige.
Wir Menschen, als Verwalter deiner Güter, bitten dich:
Gib uns Sinn für soziale Gerechtigkeit
und Solidarität mit den armen Völkern.
Lass uns mit dem Notleidenden teilen,
was er für Gesundheit, Leben und Glück nötig hat.
Lehre uns froh und dankbar sein für das,
was wir selbst zum Essen bekommen.
So segne uns und unser Mahl in deinem Namen.

Herr Jesus Christus,
segne unsere Gemeinschaft bei Tisch.
Wir preisen dich als Geber aller Gaben.
Dank sei dir für deine Gnade.

Deutsches Tischgebet

Herr, unser Gott, wir preisen dich.
Du deckst denen den Tisch,
die dich lieben und nach deinem Wort hungern.
Mache unser Herz offen und weit,
damit dieses Mahl ein Zeichen werde
für das Festmahl in deinem Reich.

Gott, mit leeren Händen und hungrig
kommen wir zu dir.
Schenke uns deine Gaben
und segne alle an diesem Tisch.

Deutsches Tischgebet

Miteinander essen, das kann schön sein.
Froh zu Tische sitzen, lieben wir.
Gaben lasst uns teilen und auch noch verweilen,
schön, dass wir zusammen sind.
Schön, dass wir zusammen sind.
Jesus gab ein Beispiel für uns alle,
aß mit vielen Menschen brüderlich!
Viele sind so einsam, wären gern gemeinsam,
kommt wir schließen keinen aus,
kommt wir schließen keinen aus.
Doch nicht zu vergessen, wenn wir essen,
dafür auch zu danken, lehrte er.
Denn die guten Gaben könnten wir nicht haben,
gäbe es nicht Gottes Kraft,
gäbe es nicht Gottes Kraft.
Da wo Jesu Freunde heute leben,
woll'n sie nicht vergessen, Christ, den Herrn.
Bleibt lebendig immer, man vergisst ihn nimmer:
Tischgemeinschaft hält man gern,
Tischgemeinschaft hält man gern.

Wolfgang Longardt

Gepriesen seist du, Herr,
Gott des Universums!
Gepriesen, weil du
das Brot der Erde hervorbringst,
gepriesen, weil du
die Frucht des Weinstocks geschaffen hast,
gepriesen, weil du alle Geschöpfe ernährst!
Gepriesen seist du in Ewigkeit
durch Jesus Christus, unsern Herrn.

Carlo Maria Martini

So geh hin und iss dein Brot mit Freuden,
trink deinen Wein mit gutem Mut;
denn dies dein Tun hat Gott schon längst gefallen.

Prediger 9,7

Da merkte ich, dass es nichts Besseres dabei gibt,
als fröhlich sein und sich gütlich tun in seinem Leben.
Denn ein Mensch, der da isst und trinkt
und hat guten Mut bei all seinen Mühen,
das ist eine Gabe Gottes.

Prediger 3,12f.

Lobt, meine Freunde, Gott, den Fels,
von dessen Gaben wir gegessen haben.
Wir sind satt geworden
und haben noch übrig gelassen,
wie Gott es verheißen hat.

Jüdisches Tischgebet

Du ernährst die ganze Welt.
Du behütest uns.
Du gibst uns Leben.
Von deinem Brot haben wir gegessen,
von deinem Wein getrunken.
Deshalb sagen wir dir Dank.

Jüdisches Tischgebet

Wir sagen Dank der Erde, unserer Mutter,
für die Freigebigkeit.
Mögen wir ihr mindestens so viel zurückgeben,
wie wir empfangen.
Gesegnet.
Wir nähern uns dieser Nahrung mit Respekt
und ehren die Kräfte der Schöpfung,
die uns erhalten.
Lasst uns mit Liebe essen und tief gesättigt sein.
Gesegnet.

Ewiger Gott, du regierst die Welt.
Du ernährst die ganze Welt in Güte und Gnade,
in Freundlichkeit und Erbarmen.
Du gibst allen Lebewesen Nahrung,
denn deine Gnade hat kein Ende.
Durch deine große Güte
und durch die Größe deines Ruhms
haben wir niemals Mangel erlitten.
Lass uns niemals Mangel erleiden!
Denn du ernährst und versorgst alle,
du erweist allen Gutes
und mit Nahrung versorgst du alle Geschöpfe,
die du geschaffen hast.
Gepriesen seist du, Ewiger.

Jüdisches Tischgebet

Was wir gegessen haben,
hat uns satt gemacht;
was wir getrunken haben,
hat uns erfrischt,
und was wir übrig gelassen haben,
kündet von unserem Segen.

Jüdisches Tischgebet

Gott, du unser Vater, höre unser Gebet:
Tag für Tag setzen wir uns an den gedeckten Tisch.
Wir haben zu essen und brauchen nicht zu hungern.
Lass uns nie so satt werden,
dass wir die Not anderer übersehen.
Gib uns die soziale Gesinnung, mit denen zu teilen,
die nicht das nötige Brot haben.

Erich Legler

Herr, wir wollen bei dem Essen
nicht die Hungernden vergessen.
Hilf, dass wir auf dieser Erden
Boten deiner Liebe werden.

Du bists, der alles Gute schafft,
du gibst uns Speis und Lebenskraft,
lass nun, o Gott, auch dir allein
all unser Tun geheiligt sein.

Herr, dein Name sei geehret,
dass du uns das Brot bescheret,
dass dem Leib du wohlgetan.
Nimm dich unsrer Seele an!
Zeitlich Brot hast du uns gegeben;
Gib uns auch das ewige Leben.

Weil wir durch dich das Leben haben,
sei dir gedankt für alle Gaben,
mit denen du an Leib und Seele
uns so bedenkst, dass uns nichts fehle.

Brich dem Hungrigen dein Brot.
Die im Elend wandern,
führe in dein Haus hinein;
trag die Last der andern.

Brich dem Hungrigen dein Brot;
du hast's auch empfangen.
Denen, die in Angst und Not,
stille Angst und Bangen.

Der da ist des Lebens Brot,
will sich täglich geben,
tritt hinein in unsre Not,
wird des Lebens Leben.

Dank sei dir, Herr Jesu Christ,
dass wir dich noch haben
und dass du gekommen bist,
Leib und Seel zu laben.

Brich uns Hungrigen dein Brot,
Sündern wie den Frommen,
und hilf, dass an deinen Tisch
wir einst alle kommen.

Martin Jentzsch nach Jesaja 58,7

Brich mit den Hungrigen dein Brot,
sprich mit den Sprachlosen ein Wort,
sing mit den Traurigen ein Lied,
teil mit den Einsamen dein Haus.
Such mit den Fertigen ein Ziel,
brich mit den Hungrigen dein Brot,
sprich mit den Sprachlosen ein Wort,
sing mit den Traurigen ein Lied.
Teil mit den Einsamen dein Haus,
such mit den Fertigen ein Ziel,
brich mit den Hungrigen dein Brot,
sprich mit den Sprachlosen ein Wort.
Sing mit den Traurigen ein Lied,
teil mit den Einsamen dein Haus,
such mit den Fertigen ein Ziel,
brich mit den Hungrigen dein Brot.
Sprich mit den Sprachlosen ein Wort,
sing mit den Traurigen ein Lied,
teil mit den Einsamen dein Haus,
such mit den Fertigen ein Ziel.

Friedrich Karl Barth

Vater im Himmel!

Du hast das Brot geschaffen und die Butter,
aber auch den Kaviar und das Beefsteak
und die Salzburger Nockerln.
Du musst selbst ein großer Genießer sein,
weil du uns so einen anspruchsvollen Gaumen
geschenkt hast,
und dazu den Magen, der das alles verdauen kann.

Aber lass uns nicht vergessen,
dass wir auch am reich gedeckten Tisch
nur den kleinen Hunger stillen können.
Denn den Hunger nach einem sinnvollen Leben,
nach Freude, nach dir, stillt nicht das große Fressen,
sondern – und darum bitten wir dich –
die Menschen, mit denen wir am Tisch sitzen.
Und dann du selbst, wenn du uns eines Tages
zu deinem himmlischen Freudenmahl rufen wirst.

Peter Karner

Wir haben ein Dach
und Brot im Fach
und Wasser im Haus
da hält man's aus.
Und wir haben es warm
und haben ein Bett.
O Gott, dass doch jeder
das alles hätt'.

Reiner Kunze

Herr, das Essen dampft, es hat einen guten Geruch.
Das Wasser ist klar und frisch.
Wir sind alle glücklich und zufrieden.
Wir denken an jene, die nichts zu essen haben
und nur wenig zu trinken.
Gib allen deine Speise und deinen Trank!
Gib ihnen, was sie jeden Tag brauchen,
um leben zu können, um durch die Zeit zu kommen.
Wie du dem Volk Israel Nahrung
und Wasser gegeben hast,
so gib es allen, die hungern und dürsten;
gib es ihnen heute und alle Zeit!

Tischgebet aus Ghana

Danket Gott, dem Herrn.
Wir danken seinen Gaben,
die wir so nötig haben,
die gibt er uns so gern.

Jesus, du hast Brote und Fische gesegnet
und an viele Männer und Frauen verteilt.
Du hast keinen Menschen vergessen.
Du hast alle glücklich gemacht.
Segne dieses Essen und auch uns.
Hilf uns, dass wir das Essen gerecht verteilen.
Keiner darf hungrig fortgehen.
Alle sollen essen und sich freuen.
Wir danken dir für unseren Anteil
an diesem guten Essen.

Tischgebet aus Papua-Neuguinea

Guter Gott, das Brot ist der Himmel.
Wie wir den Himmel nicht alleine haben können,
müssen wir das Brot mit den anderen teilen.
Das Brot ist der Himmel.
Wie der Anblick der Sterne am Himmel
allen gemeinsam ist, so müssen wir
das Brot mit den anderen zusammen essen.
Das Brot ist der Himmel.
Das Brot muss man teilen.
Gib uns Brot, hilf uns teilen.

Tischgebet aus Südkorea

Barmherziger Vater, sättige alle in der Welt,
die hungern nach Brot, Gerechtigkeit und Leben.
Segne unsere Tischgemeinschaft
und öffne unsere Herzen,
dass wir alle miteinander teilen.

Tischgebet aus Indie

Gott, durch deine große Güte
und durch die Arbeit vieler Menschen
haben wir jeden Tag zu essen.
Dafür danken wir dir von Herzen.
Gleichzeitig bitten wir dich:
Gib, dass alle Menschen auf der Welt
ihr tägliches Brot haben,
und keiner zu hungern braucht!

Heute habe ich vergessen,
dir zu danken vor dem Essen!
Magen voll – und Teller leer,
so danke ich dir hinterher.

Gut zusammen leben,
nehmen, teilen, geben.
Wenn jeder etwas hat,
werden alle satt.

Sind die Hände gewaschen,
ist der Tisch schön gedeckt.
Dann wünschen wir nun,
dass es allen gut schmeckt.

Alles lebt von deiner Hand, großer Gott und Herr.
Jedes Volk und jedes Land gebe dir die Ehr.

Das Brot, Herr, uns segne, das tägliche Brot,
bewahr uns vor Zwietracht und bittrer Not,
und gib all den Armen in unserem Land
das tägliche Brot, Herr, mit gütiger Hand.

Wir bitten, Herr,
sei unserm Haus ein fester Gast,
tagein, tagaus,
und hilf, dass wir der Gaben wert,
die deine Güte uns beschert.

Lass uns, Herr,
bei unserm Essen
deine Güte nicht vergessen.
Teil uns deine Liebe aus,
gib uns Fried in Herz und Haus.

Herr, segne uns
und deine Gaben,
die wir von deiner Güte empfangen.
Mach uns zu Tischgenossen
in deinem Reich, du König
der ewigen Herrlichkeit.

Ehre sei dir, Herr, um deiner Güte willen.
Hilf uns, mit Nahrung zu versorgen,
die nichts zu essen haben.
Bewahre uns in Frieden
und lass unsere Herzen dir allezeit lobsingen.

Tischgebet aus Taizé

Nun lasst uns Gott, dem Herren,
Dank sagen und ihn ehren
für alle seine Gaben,
die wir empfangen haben.

Gott, du unser Vater, höre unser Gebet:
Wir gehören zu dem einen Drittel der Menschheit,
dem es gut geht. Wir haben Arbeit und Auskommen.
Lass uns mit dem zufrieden sein,
was uns täglich zukommt und geschenkt wird,
und uns in unseren persönlichen Ansprüchen bescheiden.

Erich Legler

Herr, segne unser täglich Brot,
so sind wir wohl geborgen.
Hilf allen Menschen in der Not
und allen, die sich sorgen.

Autorenverzeichnis

Alber, Erasmus (um 1500–1553): Der Sohn eines katholischen Priesters studierte in Wittenberg Theologie, u. a. bei Martin Luther. Er entwickelte sich zum engagierten Vertreter des Luthertums und führte eine Art Wanderleben als Pfarrer und Reformator, weil er aufgrund von Streitigkeiten immer wieder die Pfarrstellen wechseln musste. Er verfasste allerlei Kirchenlieder, aber auch Fabeln, Satiren, Traktate und lateinische Schriften.

Athanasius (von Alexandria) (um 298–373): Der Kirchenvater war Bischof von Alexandria in Ägypten und wurde bereits zu seinen Lebzeiten als »Säule der Kirche« und »Vater der Orthodoxie« bezeichnet. Er schrieb eine große Zahl theologischer Werke auf Griechisch und war der Erste, der 367 genau diejenigen 27 Bücher des Neuen Testaments als »kanonisch« bezeichnete, die auch heute als Kanon des Neuen Testaments allgemein anerkannt sind.

Barth, Friedrich Karl (* 1938): Der evangelische Pfarrer aus Hessen, der u. a. in der Beratungsstelle für die Gestaltung von Gottesdiensten in Frankfurt a. M. tätig war, verfasste zahlreiche Texte »neuer geistlicher Lieder« und schrieb Bücher. Er engagierte sich beim Deutschen Evangelischen Kirchentag und in Ökumenischen Textautoren- und Komponistengruppen.

Claudius, Matthias (1740–1815): Er studierte Theologie, Rechts- und Verwaltungswissenschaften und begann sein Berufsleben als Sekretär des Grafen von Holstein. Es folgten Tätigkeiten als Redakteur, u. a. beim »Wandsbecker Bothen«. Dieser Name diente ihm als Pseudonym für seine verstreut erscheinenden Werke, die er später in einer mehrbändigen Textsammlung zusammenführte. Zahlreiche seiner Lieder, Gedichte und Erzählungen sind bis heute bekannt.

Franz von Assisi (1181/82–1226): Der Sohn eines wohlhabenden Kaufmannes wandte sich nach schwerer Krankheit und einem Bekehrungserlebnis vollkommen vom luxuriösen Leben ab. Nach einer Zeit als Einsiedler gründete er den Minoriten-Orden, dem die Berufung zu Armut, hilfreicher Tat und Predigt als Regel zugrunde lag. Wegen seiner ernsten, tiefen Liebe zu Gott, der Schöpfung und den Menschen galt er als Sonderling und wurde zugleich sehr verehrt. Bereits 1228 wurde er heiliggesprochen.

Griesbeck, Josef: Der Sozialpädagoge mit Ausbildung als Ehe-, Familien- und Lebensberater ist Jugendreferent in Altötting. Er leitet Projekt- und Initiativgruppen und ist in der Jugendberatung sowie in der Aus- und Weiterbildung ehrenamtlicher Gruppen- und Jugendleiter tätig.

Hahn, Udo (* 1962): Der evangelisch-lutherische Pfarrer aus Bayern ist Direktor der Evangelischen Akademie Tutzing am Starnberger See sowie Autor und Herausgeber zahlreicher religiöser Sachbücher und spiritueller Texte.

Heermann, Johann (1585–1647): Der evangelische Pfarrer zählt zu den bedeutendsten Kirchenlieddichtern der Barockzeit, seine Werke wirkten prägend auf andere Dichter wie z. B. Paul Gerhardt. Einige seine Lieder wurden auch in katholische Gesangbücher aufgenommen und ins Englische übersetzt (z. B. »Herzliebster Jesu, was hast du verbrochen«).

Heine, Heinrich (1797–1856): Der »letzte Dichter der Romantik« war einer der bedeutendsten deutschen Journalisten, Dichter und Schriftsteller des 19. Jahrhunderts, wegen seiner satirischen Polemik bewundert und gefürchtet zugleich. Anfeindungen wegen seiner jüdischen Herkunft und seiner politischen Haltung ließen ihn Deutschland verlassen. Viele seiner Werke wurden übersetzt und vertont.

Herman, Nikolaus (um 1480/1500–1561): Er wirkte als Kantor und Lehrer an der Lateinschule in St. Joachimsthal. Der Anhänger der Reformation dichtete seine Lieder, von denen noch einige heute im evangelischen wie im katholischen Gemeindegesang im Gebrauch sind (z. B. »Lobt Gott, ihr Christen alle gleich«), in erster Linie mit Blick auf die ihm anvertrauten Schüler.

Hölderlin, Friedrich (1770–1843): Er zählt zu den bedeutendsten deutschen Lyrikern, sein Werk nimmt neben der Weimarer Klassik und der Romantik in der deutschen Literatur um 1800 eine eigenständige Stellung ein. Er studierte Theologie und versuchte dann, als Hauslehrer seinen Lebensunterhalt zu verdienen. Nach Ausbruch und Zwangsbehandlung seiner psychischen Erkrankung (Wahnsinn) lebte er ab 1807 sehr zurückgezogen in Tübingen und nahm sein dichterisches Schaffen wieder auf.

Jentzsch, Martin (1879–1967): Der in Syda bei Wittenberg Geborene wurde 1905 Pfarrer in Delitzsch. 1909 übernahm er die Leitung der Flussschiffermission in Berlin. Ab 1919 wirkte er als Pfarrer und später als Kirchenrat in Erfurt.

Karner, Peter (* 1937): Der österreichische evangelisch-reformierte Theologe war viele Jahre lang Pfarrer an der Reformierten Stadtkirche in Wien und Landessuperintendent der Ev. Kirche H. B. in Österreich. Er wirkte beim ORF als Radio- und Fernsehjournalist und ist Autor sowie Herausgeber vieler Bücher zu christlichen Themen.

Klepper, Jochen (1903–1942): Der evangelische Theologe arbeitete als Journalist und freier Schriftsteller in Berlin. Er ist einer der bedeutendsten Dichter geistlicher Lieder des 20. Jahrhunderts. Verheiratet mit einer Jüdin, erhielt er 1933 Berufsverbot. Als die Deportation der Tochter und die Zwangsscheidung von seiner Frau drohten, nahm sich die Familie in der Nacht vom 11. auf den 12. Dezember 1942 gemeinsam das Leben.

Knapp, Albert (1798–1864): Der württembergische evangelische Pfarrer verfasste ca. 1200 weltliche und geistliche Gedichte sowie Lieder, von denen einige noch heute im Evangelischen Gesangbuch zu finden sind (z. B. »Einer ist's, an dem wir hangen«). Er schrieb auch Porträts von Dichtern und Theologen und gründete 1937 den ersten Tierschutzverein Deutschlands.

Krummacher, Cornelius Friedrich Adolf (1824–1884): Der Sohn des Erweckungspredigers Friedrich Wilhelm Krummacher studierte Theologie und wurde Domprediger in Halberstadt, später Oberpfarrer in Barby. Er verfasste Kirchenlieder; vor allem das viel gesungene Lied »Stern, auf den ich schaue« hat ihn bekannt gemacht.

Kunze, Reiner (* 1933): Der Schriftsteller und literarische Übersetzer studierte Philosophie und Journalistik in Leipzig. Aus Protest gegen die Invasion der Warschauer-Pakt-Staaten in die CSSR trat er 1968 aus der SED aus. 1976 wurde er aus dem DDR-Schriftstellerverband ausgeschlossen Er stellte 1977, um einer drohenden Haftstrafe zu entgehen, einen Ausreiseantrag und konnte mit seinen Angehörigen in die Bundesrepublik übersiedeln. 1990 erhielt er als einer der ersten Betroffenen Einblick in seine tausende Seiten umfassende Stasi-Akte.

Legler, Erich (1927–2013): Der katholische Theologe mit Zusatzstudium in Pädagogik und Psychologie wirkte als Jugendkaplan und Konviktsdirektor sowie bis 1996 als Pfarrer bzw. Dekan in Friedrichshafen. Er war freier Mitarbeiter der Bistumszeitung und bei kirchlichen Verkündigungssendungen sowie Autor zahlreicher Veröffentlichungen.

Longardt, Wolfgang (* 1920): Der Schriftsteller und Autor vieler Bücher zur religiösen Früherziehung war Mitherausgeber der Zeitschrift »was + wie?« und Gastdozent an der Universität Oslo sowie an der University of Oregon/USA. Zuletzt war er als Dozent für Musik und Religionspädagogik am Hamburger evangelischen Zentrum Rissen tätig.

Luther, Martin (1483–1546): Mit seiner existentiellen Erkenntnis des gnädigen Gottes und seiner Kritik am Sündenablasswesen der Kirche wurde der Augustinermönch und Theologieprofessor in Wittenberg zum Auslöser der Reformation. Die Spaltung der Kirche war nicht sein Ziel, doch als sie sich nicht aufhalten ließ, festigte er die evangelischen Gemeinden durch Katechismen und Visitationen und unterwies und stärkte die Menschen in ihrem evangelischen Glauben durch Predigten, Schriften, Lieder und nicht zuletzt durch seine Übersetzung der Bibel ins Deutsche.

Martini, Carlo Maria (1927–2012): Der promovierte katholische Theologe, Jesuit und Priester wurde er 1969 zum Rektor des römischen Bibelinstituts und 1978 zum Rektor der Päpstlichen Universität Gregoriana bestellt, 1979 zum Erzbischof von Mailand ernannt und 1983 in das Kardinalskollegium aufgenommen. Er veröffentlichte zahlreiche Bücher über spirituelle Übungen, die große Beachtung fanden, und galt als fortschrittlicher Vordenker seiner Kirche.

Morus, Thomas (1478–1535): Der englische Staatsmann und Autor wird in der römisch-katholischen Kirche als Heiliger und Märtyrer verehrt. Der entschiedene Gegner Luthers trat vom Amt des Lordkanzlers zurück, nachdem König Heinrich VIII. sich selbst in das höchste Amt der Kirche in England eingesetzt hatte, weil der Papst der Annullierung seiner Ehe nicht stattgegeben hatte. Morus wurde als Hochverräter zum Tode verurteilt und hingerichtet.

Ringwaldt, Bartholomäus (1532–ca. 1599): Der lutherische Theologe war ab 1578 Pfarrer in Langenfeld in der brandenburgischen Neumark, wo er zwischen 1598 und 1600 verstarb. Er dichtete geistliche Lieder und Lehrgedichte. Johann Sebastian Bach komponierte 1724 eine Choralkantate (BWV 113) mit dem Text seines bekanntesten Liedes »Herr Jesu Christ, du höchstes Gut«.

Schöne, Gerhard (* 1952): Die Lieder des freiberuflichen Liedermachers, der aus einem sächsischen Pfarrhaus stammt, wurden schon zu DDR-Zeiten millionenfach verkauft und sind bis heute nicht aus dem Musikschaffen in Deutschland wegzudenken: 2012 erschien sein 30. Album. Er wurde schon mit zahlreichen Preisen geehrt und reist zu Konzerten und Gastspielen rund um die Welt.

Theresa von Avila (1515–1582): Die Karmelitin und Mystikerin aus dem spanischen Ávila wird in der römisch-katholischen Kirche als Heilige und Kirchenlehrerin verehrt. Ihre Lehre ist zentriert auf das innere Beten als Pflege der Freundschaft mit Gott bzw. Jesus, wie sie es bereits vor ihrem Eintritt ins Kloster geübt hatte. Sie machte mystische Erfahrungen, doch hielt sie es für wichtiger, dass alles, was ein Mensch tut, in tiefer Liebe zu Gott getan wird.

Zenetti, Lothar (* 1926): Der katholische Theologe und Schriftsteller lebt in seiner Geburtsstadt Frankfurt a. M., in der er 1962 zum Stadtjugendpfarrer ernannt wurde und zwischen 1976 und 1981 als Dekan wirkte (Frankfurt-Süd). Danach war er bis 1991 als Senderbeauftragter für den Hörfunk der katholischen Kirche tätig. Er veröffentlichte zahlreiche Bücher: Lyrik und Erzählungen, Werke zu Kunst, Musik und Religionspädagogik, Texte für den Hörfunk sowie Mundart-Beiträge. Viele seiner Veröffentlichungen wurden in andere Sprachen übersetzt, etwa 150 seiner Gedichte wurden vertont.

Zinzendorf, Nikolaus Ludwig Graf von (1700–1760): Seine Familie hatte wegen ihres evangelischen Glaubens Österreich verlassen müssen. Er wurde stark vom Pietismus geprägt und bot 1722 auf seinem Gut Berthelsdorf Glaubensflüchtlingen aus der Böhmischen Brüderkirche eine Heimat: Die bis heute bestehende Herrnhuter Brüdergemeine wurde gegründet. Zinzendorf hat in seinem Leben ca. 2000 Kirchenlieder gedichtet, von denen einige noch heute gesungen werden.

Gebete, deren Herkunft nicht bezeichnet ist, wurden verschiedenen Quellen entnommen. Manche Gebete sind im Laufe der Jahrhunderte christlichen Betens entstanden und weiterentwickelt worden, so dass sie aus der lebendigen Tradition der Kirche hervorgegangen sind, aber keinem Autor namentlich zugeordnet werden können.

Alle Gebete wurden moderat modernisiert durch Anwendung der neuen Rechtschreibung und gelegentliche kleine Änderungen.